JN438466

꽁당 보리밥

꽁당 보리밥

신성호 시집

신아출판사

| 시인의 말

선선한 가을바람이 금년 따라 유난히 반갑다. 그만큼 견디기 힘든 무덥고 긴 여름이었다. 그럼에도 나에게는 첫 시집을 준비하는 설렘의 계절이기도 하였다.

지내온 삶의 조각들을 하나하나 맞추어 꿰다보니 그동안 아침 안개같이 무상한 세월을 살았다는 것을 새삼 느끼게 된다. 그럼에도 내가 무엇이 되어 있든 어떻게 살고 있든 지금의 나를 존재하게 한 부모님, 식구들, 그리고 많은 주위 사람들에게 감사하는 마음 또한 새롭다.

누구의 가슴엔가 작은 메아리로 울림이 될지도 모른다는 바람으로 이 글을 감히 세상에 내보낸다.

차례

| 시인의 말

Ⅰ. 고향

나의 아버지 • 12
사모곡思母曲 • 13
나의 살던 고향은 • 14
꽁당 보리밥 • 15
귀향歸鄕 • 16
검정 고무신 • 18
그래도 그리운데 • 20
나의 친구야 • 22
아이야 • 24
갯강 • 25
고추 잠자리 • 26
평사리 들녘에서 • 27
누님 • 28
동박새 사랑 • 29
황소 개구리 • 30

Ⅱ. 그리움

왜 사느냐고 • 34
얼마나 다행이냐 • 35
삶에 대하여 • 36
내가 아주 어렸을 적에 • 38
바람같이 구름같이 • 39
흥부보다 놀부처럼 • 40
날마다 깨달으며 • 41
앵두가 익는 날에 • 42
불어라 봄바람아 • 44
아름다운 사랑이여 • 45
어느 노인의 푸념 • 46
홍주가紅酒歌 • 47
홍주紅酒 사랑 • 48
홍주미향紅酒味香 • 49
봄이 오듯 오소서 • 50
배롱나무꽃 • 52
봄이 오는 길 • 53
푸르른 날엔 • 54
복숭아 사랑 • 56
봄이 왔당게 • 57

Ⅲ. 만남

아까시 꽃향기 • 60

그대 아름다운 사람아 • 61

갈대의 노래 • 62

꽃과 인생 • 63

꽃네야 • 64

억새꽃 • 66

진달래꽃 • 67

춘우春雨 • 68

매화꽃 사랑 • 69

소록도의 사랑 • 70

째보선창 • 72

가을예찬 · 1 • 73

가을예찬 · 2 • 74

가을예찬 · 3 • 75

가을예찬 · 4 • 76

가을예찬 · 5 • 77

가을예찬 · 6 • 78

가을예찬 · 7 • 79

Ⅳ. 고독

눈물이 나는데 웃으라고 • 82
서리가 내리던 날 • 83
오늘따라 당신이 그립습니다 • 84
떠나는 쪽배야 • 86
첫눈이 내리던 날 • 87
달빛은 고요한데 • 88
하구둑에서 • 89
군산역驛에서 • 90
무심한 세월은 가고 • 91
구름은 갈 길 잃고 • 92
하얀 그리움 • 93
구름이 흘러가듯 • 94
부치지 못한 편지 • 95
가난은 죄가 아닌데 • 96
노을을 바라보며 • 98
마지막 잎새 • 99
나는 그리운데 자네는 • 100
먼 길을 떠나기 전에 • 101

Ⅴ. 자연(삶)

나 사는 동안 • 104
청국장 같은 인생 • 105
당신을 기다리겠습니다 • 106
꽃잎은 흩날리더라 • 107
가는 것을 어찌하랴 • 108
저 높은 곳을 향하여 • 110
돌아보면 아무것도 아닌 것을 • 111
내 사는 것이 별나지만 • 112
하얀 눈이 그리움 되어 • 113
떠나는 것을 잡지 말자 • 114
향기 가득한 날에 • 116
내가 날마다 웃을 수 있다면 • 118
겨울에 내리는 비 • 119
에헤라 세상아 • 120
우리가 사노라면 • 122
잡부의 하루 • 124
나도 한때는 멋있었다 • 126
그 찬란한 날들을 위하여 • 128

| 발문 | 호병탁(시인 · 문학평론가)
순박한 어법으로 더 가슴을 치는 '모탱이떰'의 서정 • 130

제1부 … 고향

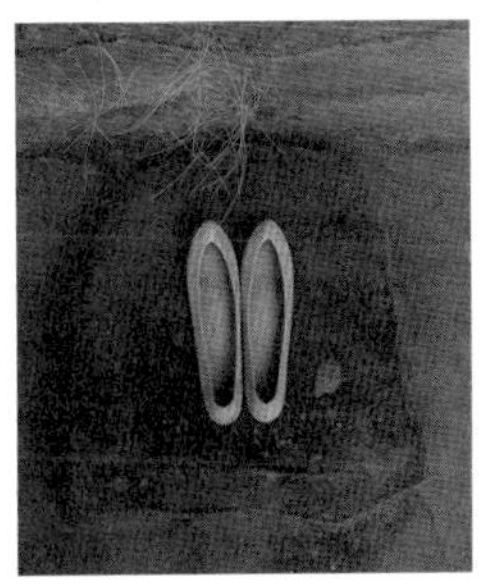

나의 아버지

가끔마다 텅 빈 마음 한구석에 좌정하시고
늘 지켜 바라보시며 가만히 웃고 계시는 듯

뙤약볕 따가운 햇살의 그늘이 되어 주시고
폭풍우 속에서 의지할 버팀목이 되어 주시던 분

세상에서 가장 힘이 있어 이길 사람이 없어 보이시던
그분이 나의 자랑스런 우리 아버지셨습니다

배운 것은 작고 희미하여 유식하다 못 들었어도
어딜 가도 다툼에 지지 않는 오기가 있으셨으니

동네 일은 아버지가 안 계시면 하나도 못할 양
앞장서서 해내시던 아버지셨습니다

이제는 먼산에 아지랑이 뒷모습처럼
내 머리 희어져 아버지를 그리워해 봐도 아물거리고

내 나이 들고 철드니 거목처럼 커 보이시던
그때 그 모습이 내 모습이 되었으면 좋겠습니다

사모곡思母曲

당신의 빈자리가 오늘따라 너무 큽니다
꼭 계셔야 했는데 지금은 아니 계십니다

오늘같이 좋은 날에는 당신의 보석같이 귀한
말씀도 해주셔야 했는데 아니 계십니다

고운 옷 단장한 아들 손주 세배도
받으셔야 하는데 아니 계십니다

다른 어머니들은 절 한 번만 받으시는데
당신은 두 번을 받으시니 서럽습니다

세상에서 가장 행복을 주는 그 이름
세상에 하나밖에 없는 당신의 이름 어머니
오늘도 떨리는 목소리로 불러 봅니다

먼 훗날 이 몸도 당신을 따라가겠지만
엎드려 인사드리는 이 순간만은
차마 고개를 들 수 없음이 웬일일까요?

나의 살던 고향은

나의 살던 고향은
단풍 곱기가 으뜸인 정읍에서도

먼지 나는 시골버스 타고
덜컹거리며 한 시간을 달려

동학의 본고장
고부 읍내 지나 영원에서도

다시 꼬불꼬불 오 리 길 걷다보면
물 맑은 고부천이 반짝이고

변산의 개암산이 멀리 보이는
정겨운 우리 동네 주촌이라네

안뗨 밤나무뗨
모텡이뗨 건너뗨 여러 이름 중

우리 집은 모탱이뗨
대나무가 병풍을 두른 688번지라네

꽁당 보리밥

보리쌀 세 홉에 흰쌀 한 홉을 넣고
맑은 물에 정성 들여 네댓 번 잘 씻어

시커먼 가마솥에 세 벌 끓인 후에
뜸이 다 들면 넓은 양푼에 듬뿍 담아

부추와 상추 열무 집어 넣고
고추장 듬뿍 참기름 몇 방울 넣고 벌겋게 비벼

한 수저 푹 떠서 볼테기 터지게 우물대다가
청양고추 된장 찍어 아삭아삭 씹으면

여름날 보양식 많고 많지만
꽁당 보리밥 뚝딱 해치우는
그 맛이 으뜸

귀향歸鄕

가련다
꼭 가련다

내 어머니와
내 아버지가 사시던 곳

내 형제와
나를 낳고 기르시던 곳

무엇이 되었다 한들
어떻게 살았다 한들

가치로도
존재로도 탓하지 않는 곳

비포장 신작로 십여 리 길
발끝이 고달파도

가련다
꼭 가련다

내 고향 주촌

모탱이떰 내 집으로

검정 고무신

옛날 울 엄니
하루 종일 동네일 품앗이하고

몇 푼 안 되는 품삯 꼬깃꼬깃 모았다가
장날 아침이 오면

거친 얼굴엔 동동구리무
머리엔 아주까리 기름 바르고

농 속에 아껴두었던 명주치마
노랑 저고리 곱게 입으시고

봄 햇살 맞으며 나를 앞세워
왁자지껄한 오일장 서둘러 가서

이곳저곳 구경하다
신발가게 앞에 가서 멈추시더니

맘먹고 골라주신 검정 고무신
어찌나 신이 나던지 맨발로 뛰었다네

신발은 모셔들고
집에 돌아오는 먼 길 맨발로 뛰었다네

그래도 그리운데

오월 하늘이
더욱 아름다운 것은

온누리가 한바탕
꽃잔치에 빠져서입니다

하늘은 높디높고
산은 짙푸름이 좋아졌습니다

이 모든 것이 좋다 한들
부모님의 은혜만큼 될까만은

언제나 한결같이
우리 가슴에 자리잡고 있어

문득문득 두드리는
그리움이 밀려올 때면

눈물이든 몸부림이든
그 무엇으로 위로가 되겠습니까

오늘 문득 다가온
부모님의 은혜 속에 빠져서

그래도 그립고 그리운
어버이 은혜를 생각합니다.

나의 친구야

뒷동산에 올라
자치기도 하고

냇가에서 물고기 잡던
죽마고우 친구야

세월은 살같이
다 지나가는데

어디서 무엇하며
살아가는고

눈시울이 마르도록
보고 싶은 친구야

어릴 적엔 야무지다
칭찬받던 너

그때 그 시절을
벌써 잊었니

생활이 나를 내팽개쳐도
내 가슴속에 남아 있는
아름다운 친구야

언젠가는 그 시절을 생각하면서
세월 속에 묻혀버린 그 추억을

하나씩 하나씩 꺼내어
너와 함께 마주 앉아서
밤이 지새도록 이야기하자

아이야

아이야
너의 눈 속엔 아름다움이 있고
고운 꿈이 살아 있단다

아이야
너의 마음속엔 천사가 있고
가슴에는 순결함이 있단다

그래서
너를 더욱 사랑하고
이뻐하고 좋아한단다

너처럼 순결함과
처음같은 마음과 생각으로
세상을 산다면 얼마나 좋을까

우리가 바라는 그런 세상이
너의 마음과 생각과 가슴속에 있단다

그래서 너를 좋아하고
너를 닮아 살기를 기도한단다

갯강

갈대가 밭을 이루어
철새가 보금자리를 틀고

물고기가 유영하며
잠자리가 춤을 추던 자리

여름이면 멱감으며
아이들은 물장구치던 곳

겨울이면 꽁꽁 얼어
신나는 썰매를 타던 그곳

그곳은 우리를 살찌우게 하고
풍성한 거둠의 기쁨을 주던 곳

아름다운 수목들이 춤을 추고
구름도 바람도 쉬어가는 곳이었네

고추 잠자리

고추 잠자리는 내 친구
내가 걸어가면 같이 가자고

살짝 어깨 위에 앉아
걸어가는 나를 보며 갸우뚱하네

모른 채 가다가 획 돌아보면
화들짝 놀란 고추 잠자리는

곧장 달아나 갈대 위에 앉아
커다란 눈망울을 돌리다가

멀어지는 나를 보고
같이 가자고 날아오네

평사리 들녘에서

황금빛 넓은 벌에
하루 종일 서 있는 허수아비야

조용히 흘러가는 농수로에
노니는 물고기를 보았느냐

섬진강 맑은 물에
노 젓는 뱃사공을 보았느냐

높은 언덕 감나무들
탐스런 열매를 보았느냐

천석꾼 만석꾼 꿈꾸던
그 양반은 어디 가고

가난 벗고 사랑 찾아 떠났던 님
어디메에 계시는고

그때도 황금 들판
변함없이 그대론데
인걸은 간 곳 없고 찬바람만 부누나

누님

모처럼 찾아가면
맨발로 뛰어나와 반기는 누님

얼굴은 굵은 주름 가득하지만
해맑은 웃음 속에 사랑이 가득

금방 찐 감자 사발 통째로 들고 나와
어서 먹으라고 성화대심이

어릴 적 엄니의 모습이
누님의 얼굴에 그대로 겹쳐져 있네

동박새 사랑

파르란 잎사귀 뒤에 숨어
앵두 같은 꽃잎에 노오란 눈동자

뜨거운 정열의 꽃이기에
오늘도 동박새는 떠나지 않네.

뭇새들 벌나비도 찾아오지만
일편단심 한가지로 사랑하는 동박새

차가운 눈보라가 훼방하여도
못잊어 그 자리를 지키고 있네.

꽃은 그 사랑에 붉게 타올라
한 잎 두 잎 떠나기엔 너무 서러워

온몸 던지며 절규하는 듯
동박새 그 사랑에 말없이 지네

꽃은 봄이 오면 또 피련만은
사랑 잃은 동박새는 어찌할거나

황소 개구리

마을 앞 작은 늪에 황소개구리
밤이 되면 슬프게 울고

슬프디슬픈 그 울음소리가
무엇이 그렇게 슬프게 하는지
오늘밤도 또 울고 있네

멀고 먼 이국땅에
무엇을 하려고
어떻게 살려고
여기까지 와 있는지
이방異邦의 슬픔이 크구나

오늘도 망향의 향수에 젖어
가슴속에 그리움으로
슬픈 울음소리 애처롭다

세월 가고
네 운명이 다하는 날
너를 위해 슬퍼할 이 없으니

구름 모아 향 피우고
바람 모아 애곡하여
그 슬픔 잃게 해주마

너 있던 본향의 그 길로
왔던 길 뒤돌아보지도 말고
그냥 떠나거라…, 그냥

제2부 … 그리움

왜 사느냐고

하늘을 나는 새들에게
왜 날아가느냐고 묻거든
저들도 삶을 찾아간다고

길가에 서 있는 가로수 보고
추운 날 여기에 서 있느냐고 묻거든
주어진 삶의 터라고

나에게 왜 사느냐고 묻는다면
세상의 빈자리가 필요로 하고
나는 세상을 사랑하기 때문이라고

그것도 아니라고 시침이 떼면
기왕에 아름다운 세상에 왔으니
참된 삶을 찾기 위해 산다고 말하리

얼마나 다행이냐

우리가 살아가는 세상이
멋진 것이 얼마나 다행이냐

하늘이 맑고 푸르름이 있다는 것이
우리의 삶 속에 얼마나 다행이냐

오늘도 건강해서 활동할 수 있고
어디든지 갈 수 있음이 얼마나 행복이냐

이 시간에도 수많은 사람들이
이생을 마감하고 훌훌히 떠나고 있는데도

이렇게 사랑하는 사람과 마주 앉아
함께할 수 있으니 얼마나 축복이며 다행이냐

우리의 삶이 행운이나 요행이 아니라
열심히 멋지게 사는 것이 얼마나 다행이냐

삶에 대하여

사소한 일로
고민하고
화내지 않고

남의 생각과
내 생각이 다르다고
고민하지 않고

돈과 명예가 없다고
속상해 않는 것은

많은 문제가 있기에
살아갈 이유가 있고
고난과 참음과 극복이 있고

그것을
해결하기 위해

땀과 노력과 눈물이
참 인생의 의미로

승화될 때야

비로소
삶에 대하여
깨닫는 것을

내가 아주 어렸을 적에

내가 아주 어렸을 적에
세상이 나와 같은 어린이만을 위하여
만들어지고 존재하고 있다고 믿었다

왜냐하면
내가 무엇인가가 필요할 때
부모님 앞에서 울고불고하면
무엇이든지 다 얻을 수 있었기 때문이다

학교에 가서도 선생님께
하늘의 별들이 왜 반짝이는지 물어봐도
상세하고도 쉽게 이야기해 주시기도 했다

친구들과 전쟁놀이를 해도
누구는 임금이고 아무개는 장군이 되고
나는 그의 충성스런 신하가 되었어도

그래도 재미있고 즐겁고 신이 났다
그때는 못할 것이 없고 안 될 것이 없는
무궁무진하게 아름다웠던 요순시절이었다

바람같이 구름같이

옷깃을 스쳐가는 찬바람도 아닌데
마음에 이는 바람은 이다지도 차가운지

폭풍우가 몰아치는 악천의 날씨도 아닌데
어지러운 머릿속엔 세상 걱정만 가득하네

날이 가고 해가 가고 세월이 흘러가도
곁을 떠나지 않는 번민만은 변함없으니

허다한 날들이 수없이 가고 또 지나가도
이 세상을 살아가는 것은 그만그만이라

큰 욕심도 넘치는 꿈도 하늘에 매어놓고
바람 가듯 구름 가듯 그리 살아감이 좋으리라

홍부보다 놀부처럼

이 험한 세상을 홍부처럼
소극적이고 욕심 없이 살아간다면

식구들을 어떻게 감당하며
가정을 지킨다고 자신있게 말하리오

놀부는 오장육부에 심술보가 더 있어서
보기에도 좋지 않고 하는 짓도 싫지만은

자린고비 그 생활이 사는 것의 기초되어
식구들을 거두려면 그 방법이 제일이라

홍부도 놀부처럼 처음부터 그랬다면
처자식도 행복하고 홍부도 좋았을 것을

우리가 사는 것도 좋고 나쁨이 조화되면
세상만사 이룰 것이 기쁨과 행복 그대로라

날마다 깨달으며

이른 아침에 눈을 뜨면
하루가 또 열렸구나 하지만

머릿속을 넘나드는 수많은 생각들은
갈 길을 찾지 못하고 방황하고 있다

머리털 하나 구겨짐도 모른 채
욕심의 늪을 스스로 들어가려 애를 쓴다

살아 있음도 축복이요 건강함도 기쁨인데
먹고사는 것을 떠나 밑빠진 독에 물 채우려는 듯

한없는 욕망의 시뻘건 눈을 뜨고 골몰하며
집을 나섰다 다시 집에 올 때까지도 깨닫지를 못한다

오호라
어제 이생을 떠나던 사람의 모습을 잊지 못함은
헛되고 헛된 욕심과 아집이 얼마나 허무한 것인지

날마나 시간마다 순간마다 깨달으려 애를 씀이
그래도 힘겨운 삶의 길동무가 됨이 다행이다

앵두가 익는 날에

봄날에 따뜻함이
가슴속에 저밀 때면

앞산에 뻐꾸기는
짝을 찾아 울어 댄다

산언저리 앵두나무
조용히 꽃피더니

하루 가고
또 며칠이 지나더니

푸르던 애열매는
빨갛게 익어가고

주렁주렁 열린 열매는
내 님 입술 닮았는지

탐스럽고 사랑스러워
사심없이 손내미니

달콤하고 맛나는 것이
내 님 입술 맛이로구나

불어라 봄바람아

어서 오렴, 어서 오렴
봄소식 둘러매고 어서 오렴

기왕이면 흙냄새도 꽃향기도
내 님의 아름다운 미소까지도

드넓은 들을 지나 뒷산을 넘어
풀향기 가득 안고 찾아오렴

두터운 겨울옷 벗어 던지고
나비처럼 꿀벌처럼 마중 나가서

언덕 위의 매화꽃이 활짝 피고
우물가의 개나리가 춤을 출 적에

봄바람아 불어라
내 님같이 반가이 맞아주리라

아름다운 사랑이여

보기에도 사랑스런 그대여
당신의 발자국 소리에도 반가운 그대여
당신의 해맑은 미소가 더욱 사랑이어라

가을 햇살이 쏟아지는 이 좋은 날에
당신이 가까이 있으니 더욱 좋아라

갓난아기가 엄마 품의 젖을 찾는 것처럼
사랑에 허기진 갈급함을 씻어 내듯이
사랑의 밀물처럼 다가오는 그대여

붉은 장미꽃보다도 더 붉은 사랑이여
정녕 당신은 아름다운 사랑이어라

인생의 긴 세월이 흔적 없이 흘러가도
당신의 청순하고 해맑은 그 사랑을
나 또한 그대를 사랑함으로 기뻐하리라

어느 노인의 푸념

이제 나이 많이 먹어 늙고
기억력도 떨어지고 허리도 아파서
빨리 죽었으면 좋겠다고 한다

그런데 아들 자식 하나 있는데
직장은 좋은 데 다니는데 장가를 가지 않아
못 잊혀서 그냥 죽기는 그렇다고 한다

사람이 생로병사의 길을 간다고 하지만
어디 짧은 인생을 마무리하고 싶은 사람이
이 세상에 누구인들 가질 수 있으랴

아무리 힘들고 어렵다고 해도
저승보다 이승이 훨씬 좋다고 하면서도
죽기를 원함이 정말 진심일지는 모를 일이다

누구에게나 살아감에 힘겨운 시간들이지만
그래도 살아 볼 만한 것이 이승이라면
좀 더 아름답고 행복한 시간으로 채워지면 좋으리

홍주가紅酒歌

스쳐지나 간
여인네 향기런가

님의 입술에
달콤한 그 맛인가

이보다 진한 맛
처음인 듯 나중이라

하룻날에 될까마는
지극정성 그 맛이니

부어라
마셔라
그 술이 아니거늘

우리네 건강 주酒로
홍주紅酒가 으뜸일세

홍주紅酒 사랑

사랑이 좋다 하나
변하는 게 사랑이라

꽃이 곱다 하나
시절마다 변하거늘

세월 가도 불변하니
지존이 너뿐이라

너의 맛
너의 향기
너의 아름다움이

만인에게 사랑받는
참 보배가 됨이라

홍주미향紅酒味香

물도 아닌 것이
내 목을 편케 하니

너는 술 중에 술이요
그 맛 또한 그만이라

보기에도 내 님같이
아름답기 그지없고

팔도를 돌아봐도
너 같지 아니하니

내 맘을 적시는 것이
홍주紅酒 한 잔 맛이로다

봄이 오듯 오소서

님이여
겨울이 떠나려 합니다.

얼었던 삼라가 풀리고
매화꽃이 피었습니다

정녕 긴 겨울은 말없이
우리 곁을 떠나려 합니다

갓 찾아 온 봄 햇살에
하얀 안개는 꽃잎을 뿌리듯

기쁨에 찬 손짓을 하며
동네 밖 언덕에 서 있습니다

님이여
기다리던 봄날이 왔습니다

쌓였던 그리움과 함께
봄이 오듯 님도 오시옵소서

그렇게 오시오면
님을 노래하며 마중하리다

배롱나무꽃

배롱나무 꽃이 피려고 간밤에
저리도 바람 불고 비가 내렸나

간다는 귀띔도 하나 없이
소나기가 지나간 뒤끝에

하늘의 검은 구름 멀리 떠나고
햇살만 잠시 잠깐 내리쬐던 그 시간에

길가에 늘어선 배롱나무 꽃들이
징그렇게 선명하고 예쁘게 피어나

나의 시선에 마춰 향기 쏘아 놓고
저리도 좋아하며 나를 반긴다

백일을 피었다가 진다는 너를
좋아하고 사랑함이 당연하구나

나 또한 네가 좋아 찾아왔지만
너도 나를 싫어 아니함이 너무 좋구나

봄이 오는 길

봄이 온다네
문풍지 사이로 마중가세

어제는 분명 나무 끝에
안쓰럽게 매달려 졸고 있더니

어느새 눈비비고
마당을 지나 토방 앞에 왔네

지나가던 햇살이
홍매화 향기를 훌려서

따뜻한 바람을 보채더니
기어이 처마 끝에 매달았네

아! 춘삼월 그대여
진정 계절 중의 꽃이라

푸르른 날엔

간다
간다
세월도 가고
나도 뒷짐지고 따라 간다
먼산 뻐꾸기도 산새들도
둥지 떠난 지 오래되고
다시 온다던 그 사람 그 약속은
잊은 지 오래런가

간다
간다
꿈 많은 청춘도 가고
한 많은 나그네 인생도 간다
뭣할려고 목숨 걸어 애를 쓰고
어쩔려고 생고생을 했었는지…….

이제 와 거울에 비친 내 얼굴
계곡 같은 주름살만 가득하고
휑한 빈 가슴 파고드는
아픈 상처만 에리누나

그래도
언젠가 푸르른 날이 오면
지화자 얼씨구 춤추며 노래하며
행복할 수 있을랑가…….

복숭아 사랑

봄이 오면 온 산엔 진달래 피고
산기슭 과수원엔 복숭아 꽃 피네

철따라 피는 꽃이 많고 많지만
남녀노소 누구나 좋아하는 꽃

그 꽃이 피는 날엔 기쁨이 가득
아름답고 고운 자태 아이 좋아라

꽃이 지는 아쉬움 갖기도 전에
어렸을 적 울 엄마의 젖꼭지처럼

언제나 한결같이 행복을 주는
예쁘고 아름다운 복숭아 사랑

크고 자라 탐스런 과일되던 날
우리에게 기쁨과 행복 주니 참 좋아라

봄이 왔당게

옛날 울 엄니 살아생전에
봄이 올 때마다 하시는 말씀이

봄에는 부지깽이 심어도
싹이 트고 꽃이 핀다고 했다

논두렁 밭두렁에 가보면
봄나물 천지라 반찬걱정도 없었단다

얼기설기 매어놓은 울타리에
노란 개나리꽃 필 때면

봄이 벌써 왔당게 웃으시던 엄니 모습
그분에게 아무 걱정 없던 봄이

먹을 것 많은 지금 나에겐
웬 근심이 이리 많을까

제3부 … 만남

아까시 꽃향기

그립고
또 그리운 그 향기

어렸을 적
집 울타리 가운데 우뚝 서서

지나는 사람들마다에
그윽한 향기를 전해 주고

주렁주렁 열린 꽃송이는
풍성한 간식거리가 되었어라

짝사랑하던 그 애의 향기처럼
지금도 아련히 풍기는 듯

혼자서 그때처럼
그 나무 밑을 일부러 걸으며

순간 스치는 그윽한 내음에
마음속으로 작은 미소를 지어 본다

그대 아름다운 사람아

눈 감으면 눈언저리에서 서성이는
나의 마음이 되는 그대 아름다운 사람아

한 번쯤 넋두리도 할 것 같은데도
때로는 짜증도 강짜도 낼 것 같은데도

언제나 밝은 얼굴에 예쁜 미소까지
행여 누가 될까 봐 조바심을 갖는 당신은

하늘이 내게 주신 소중한 선물이며
영원히 함께 가야 할 짝꿍이어라

갈대의 노래

스르륵 스르륵
갈대들이 서로 몸을 비빈다

여름날의 무더위를 잊은 채
스산한 바람이 외롭나 보다

초롱초롱 쏟아지는 달빛에 젖어
소리 없이 내리는 이슬까지 맞으며

깊어가는 가을이 좋아
밤이 지새도록 몸을 부비며

스르륵 스르륵
졸음조차 잃고서 노래를 한다

꽃과 인생

넋 놓고 꽃을 보듯
가버린 세월이여

덧없이 가는 것이
너뿐이 아니거늘

아쉽다 후회한들
뉘라서 잡으리요

어제 핀 꽃이라도
때가 되면 떨어지고

비바람 견디다가
진토로 가는 것을

오호라 꽃과 인생이
닮기도 서러워라

꽃네야

늘 들어도
좋은 이름 꽃네야

너는 어디서 와서
말없이 앉아 나를 보며

티 없이 맑은 아름다움과
가슴을 적시는 그윽한 향기로

아픈 상처를 싸매주고
빈 마음에 위로를 주니

꽃네야
너를 보는 나는

행복이 무엇인지
사는 것이 무엇인지

조금은 알 것 같아
너를 보며 기뻐할 수밖에

그래서 사람들은

너를 좋아하나 보다

억새꽃

앞산 둔덕 위에
춤추는 억새꽃

봄
그리고
여름이 다 지나고

늦가을이
떠남을 짐작한 듯

고운 손으로
아쉬움을 손짓하며

그래도
먼 날엔 희망이 있다고

가을 끝에 서서
손 흔들며 기뻐하네

진달래꽃

보고 싶은 님이여
오늘은 당신 미소가 그립소

어제는 가슴속이
숯덩이가 되었습니다

애타게 기다림에
눈시울이 젖어 들었고

텅 빈 마음은 온종일
안절부절 흔들렸습니다

때로는 가슴이 미어지고
그리움이 파도를 이룰지라도

당신을 사랑한 마음은
언제나처럼 밀려올지라도

이제는 연분홍 그 얼굴만
영원히 사랑하고 간직할래요

춘우春雨

비가 온다
안개비가 내린다

초목들은 기지개를 펴고
대지는 참았던 숨을 쉰다

비가 내린다
겨울을 씻고 봄을 심는 듯

여기저기 생명의 숨소리에
작은 행복의 봄을 깨운다

느슨한 허리띠를 졸라매고
한 해의 풍년을 준비한다

비가 온다
온누리에 축복의 비가 내린다

매화꽃 사랑

사랑이 좋다 하나
내 님보다 더 좋으랴

겨우내 기다린 님
망부일심 한가지로

입춘지나 우수 절기인데
수줍은 듯 붉은 얼굴이라

상사병이 도래했나
내민 얼굴 빨개져서

화홍미인 그 모습에
꽃향기로 유혹하니

마음마저 시린터에
내 님인 듯 반갑구나

소록도의 사랑

봄날이 여무는 따뜻한 날에
푸르른 잔디에서 아기사슴이 뛰논다는
멀고도 아득히만 생각하던 소록도에 갔다

전설처럼 전해 듣던 그곳에 발길을 멈추니
찢기고 무너진 살점 속의 고통소리가 들리는 듯
파도처럼 넘실대던 슬픈 인연의 소리가 들리는 듯
섬 기슭에 부딪히는 바닷바람에 혼불을 지핀다

삶과 죽음을 넘나들며 참아내던 육신의 고통과
천국과 지옥을 담금질하던 영겁의 날들이 머문 곳
흙먼지를 일으키며 그때의 님들은 떠나고 없다

수세월을 애락과 함께하며 지키고 서 있는 수목들
흘러간 세월의 기억들을 색인하고 엮어 놓은 듯
수목마다 새겨진 사연들이 애린 마음을 찢는다

진정 무한한 사랑과 긍휼의 하나님에 손길이
아름다운 이곳에 미치지 않을 리 없었겠지만
진즉 하나님이 조금만 고개를 더 돌려 보셨더라면

동행하던 천사들이 부르는 천상의 나팔소리에
여호와를 앙망하며 찬양 드리던 그님들은
영원히 작은 섬 소록도의 천국인이 되었으리라

째보선창

찬란히 빛나던 날들이 차곡차곡 쌓이고
수많은 사람들이 질곡의 세월 속에 묻혀
삶의 진액으로 덧칠해서 만들어진 도시의 이름

생선머리 배추머리 갈매기 머리들이 맞대고
서로를 위로하며 지켜 온 골목골목 사이로
바닷바람이 지나가고 비린내가 지나던 길목

월명산 소나무 수문장 되어 넓은 바다 호령하며
외쳐 부르던 장엄한 공장 굴뚝의 포효가 지켜 온 자리

옛날도 어제처럼 반가운 것은 군산의 그 이름을
부르게 하는 애향의 째보선창 콧노래가 되었네

가을예찬 · 1

쪽빛 하늘에다
점 하나 찍으니

살아서 움직여
하나가 둘이 되고

어느새 구름 되어
비가 되더니

영그는 오곡에
가만히 내려앉아

기다림의 해후려니
반가움이 그만이라

없어도 있는 듯
있어도 넘치지 않으니

이보다 좋은 시절이
어디엔들 또 있으랴

가을예찬 · 2

길가에 핀
코스모스 손짓에

고추잠자리가
가만히 내려앉아

가을 향기 흠뻑 마시고
하늘로 날아간다

바라보던 강아지
고추잠자리 쫓더니

날아간 하늘을 보고
멍멍대며 짖어댄다

혹시나 쪽빛 하늘에
빠져서 영영 오지 않을까

강아지의 걱정과 기다림에
하루가 짧아 간다

가을예찬 · 3

마당 한 곁에 널어 놓은
빨간 고추는 제 멋을 부리고

짙푸른 감나무엔 어느새
빨간 홍시들이 익어간다

정자나무 아래 깔아 놓았던
돗자리는 반겨 줄 주인을 잃고

길가에 매놓은 흑염소는
쏟아지는 가을 햇살을 벗삼아

긴 겨울을 벌써 어림하는 듯
풀 뜯기에 여념이 없다

들녘마다 물결치는 황금빛 속에
가을의 맑은 햇살이 쏟아져

기다림의 지루함도 잊은 채
풍요의 지절之節을 노래 부른다

가을예찬 · 4

짙푸르던 초목들이
숨을 몰아쉬더니

어느새 오색 모습으로
변모하려 애를 쓰고

강가에 갈대들은
으악새를 연주하고

햇살은 따사롭고
부는 바람 옷깃을 여미니

사랑노래 부르던 연인들
백년해로 약속하고

어딜 가나 잔치하니
행복 지절之節이로다

가을예찬 · 5

무수하던 나뭇잎이
낙엽 되어 떨어지고

불어오는 찬바람은
가슴을 파고드니

홀로 마음 기댈 곳 없어
이것이 고독이런가

날아가는 기러기도
짝을 지어 날아가는데

가슴속 외로움과
쓸쓸함이 웬 말인가

모든 것이 떠나는 듯
고독의 지절之節이로다

가을예찬 · 6

모두가 떠나 버린 듯
텅 빈 들녘에

떠나지 못한 철새들
넋을 놓고 서 있고

떨어진 나뭇잎은
갈 곳 잃어 나뒹구니

깊어가는 가을 속에
풍요함은 어딜 가고

부는 바람깃이
차갑기도 서러워라

좋은 것도 한때려니
쓸쓸함의 지절之節이라

가을예찬 · 7

한가위 지나더니 만추의 가을이라
골마다 풍년 잔치 신나는 풍악 놀이
어르신 팔순잔치에 혼인잔치 경사라

좋고도 좋을시고 풍성한 계절이라
보아도 기쁨이요 있으니 축복이라
부자된 그 마음으로 풍진세상 살으리

삼천리 구경 가세 정겨운 금수강산
산마다 오색단풍 인생 꽃 피우면서
모두가 건강백세로 행복 찾아 떠나리

제4부 … 고독

눈물이 나는데 웃으라고

눈물이 나는데 웃으라구요
기쁨의 눈물이라면 그럴 수도 있겠지만

마음을 여미는 슬픔의 눈물이라면
상처받은 아픔의 눈물이라면
어떻게 웃으라는 말입니까

슬픔이 어떤지도 모르면서
아픔이 얼마나 큰 고통인지 모르면서
슬픔도 아픔도 다 아는 것처럼 그렇게

눈물이 나는데 웃으라구요
가슴이 아픈데 웃으라구요
그럴 수 없음이 바로 아픔이요 슬픔입니다

눈물이 나는데 웃으라구요
그렇게 할 수 없음이 전부입니다.

서리가 내리던 날

간밤엔 찬바람이 그리 불더니
떠나는 가을을 애써 보챈다

하얗게 내려앉은 된서리가
떨어지는 낙엽을 미워하는 듯

있는 차가움을 다 토해서
마지막 잎새까지 지게 하려나

어차피 떠나는 가을이라면
서두르지 않아도 가고 말 텐데

하얀 서리가 제 세상 만난 듯
오는 겨울 앞에서 가진 폼을
다잡고 앉아 있구나

오늘따라 당신이 그립습니다

오늘따라 당신이 그립습니다

한평생 당신만을 사랑하며 산다고 다짐하고도
속절없이 지나가는 시간들 속에서 깜빡 잃어버리고
이제야 당신을 생각할 수 있다니 너무나 서럽습니다

세상에 태어나서 사랑하는 그것이 당신이기에
동녘에 해가 뜨고 지는 것조차도 헤아릴 수 없이
그저 있는 그대로 사랑하는 당신이기에 그립습니다

쓰디쓴 커피 한 잔에도 행복함을 감추지 못하는 당신
작은 정성 하나에도 감격의 눈물을 보이는 당신이 그립습니다

늘 부족함을 웃음과 미소로 채워가는 그 얼굴 속에
가슴이 벅차도록 서 있는 당신이 진정 나의 전부였습니다

모든 것에 기쁨으로 그렇게 살리라고 말하는 당신이
오늘따라 하얀 눈이 내리는 이 밤엔 더욱 당신이 그립습니다

하얗게 쌓이는 이 눈이 다 녹아지고
새봄이 찾아오는 그때에는
당신을 사랑하고 그리웠다고 말없는 눈물로 전하렵니다

당신이 그립습니다
사랑하기에 그리움엔 마침표가 없는 것처럼…….

떠나는 쪽배야

일엽편주 떠나가는 쪽배야
무엇이 그립길래 그리 가느냐

흐르는 저 구름도 너를 보면서
조금은 아쉬운 듯 서 있구나

세상에 있는 것을 다 가져도
남는 것이 더 많으니 이치로구나

바람에 밀려드는 속세의 염려 버리고
걱정 없는 먼 곳으로 떠나가거라

첫눈이 내리던 날

산고의 진통을 며칠을 하고 난 듯
온종일 세차게 불어오던 찬바람도

첫눈 내릴 때가 되니 잠잠해져 조용한데
소리 없이 내리는 하얀 눈송이가
삭막한 세상이 그렇게도 반가운 듯
아름답게 흩날리며 내리고 있구나

사랑하는 연인들의 기다림처럼
오늘일까 내일일까 마음이 조이더니

기별도 내색도 없이 반갑게 찾아와
가슴도 콩당콩당 마음도 기쁨이라

첫눈이 내리면 변할 것도 없을진대
그저 좋아 기다리던 첫눈이 내리던 날
반갑고도 즐거우니 기쁨이 그만이라

달빛은 고요한데

햇무리가 지난 하늘엔
성근 달이 나를 바라보고 있네

어제도 보았지만
오늘 다시 보니 그 달이 아닌가 싶어지고

밝고 어두움이 다름이 아니라
모습이 바뀐 듯싶어 마음 없이 돌아서니

하얀 이 드러내놓고 하는 말이
어제 그 달이 바로 나라고 하고 있네

세월은 뒤척이며 흔적 없이 가버리고
인생도 덩달아 뒷짐지고 서두르네

달빛은 고요한데 마음은 산만하고
흐트러진 마음이 기댈 곳이 없구나

하구둑에서

멀리 떠났던 철새들이
하나 둘 찾아들고

억새꽃이 하얀 손을 흔들며
아름다운 대자연을 노래한다

황금빛 들녘의 넉넉함이
집집마다 큰 기쁨을 주니

철새가 찾아오는 하굿둑에서
사랑하는 사람과 함께하면
행복이 무엇인지 알 것도 같은데

그저 쓸쓸함과 외로움이
바람처럼 소리없이 다가오니

아름답게 물든 단풍처럼
붉어진 얼굴이 못내 수줍기만 하다

군산역驛에서

새만금 넓은 바다 위에
꿈꾸던 첫사랑의 노래는

푸른 파도를 타고
군산항 부둣가에 닻을 내린다

뱃고동 소리에 춤추는
바다 갈매기는 신이 나고

푸른 물 출렁이는 금강의 하구
오똑 솟은 오봉산을 바라보니

힘차게 달려가는 열차 소리에
산기슭에 노닐던 산노루도 내달린다

가슴 아픈 이별도 있다만은
못 견디게 그리움에 만남도 있으려니

언제나 변함없는 그 사랑으로
오늘도 희망이 가득찬 군산역驛이어라

무심한 세월은 가고

꿈꾸던 세월은 흘러가고
계절은 벌써 바뀌어 왔네

그런데도 속심은 변하지 않고
그저 욕심만이 사로잡는구나

허둥대다 세월만 저만치 가버리고
이제서야 정신 차려 뒤돌아볼라치니

허무하고 무정한 게 세월이라
물은 물이요 산은 산이로다 스님 말씀

이제야 나 자신의 심성을 돌아보고
이렇게 후회한다니 한심할 뿐이라

구름은 갈 길 잃고

높은 산 위에 떠 있는 구름은
갈 길을 잃어버리고 서서
마음조차 종잡지 못하고 있다

세상 어디를 간들 머무르며
마음 내려놓고 자족하며 살리요

어제도 오늘도 그리고 내일도
바람이 부는 대로 흘러가는 걸
어찌 뜻대로 마음대로 살리

이제야 깨달을 듯싶어
생각에 잠기려니 어느덧 어두워져
스산한 밤바람에 부질없는 길을 떠난다

하얀 그리움

두 손으로 잡으려면 없어지고
쳐다보면 사라지는 물안개처럼

내 마음에 그리움의 물결이 일렁이면
하얀 물거품이 일어 지난 추억들이 밀려온다

다 지워진 기억 속을 아무리 더듬어 보아도
잡힐 듯 잡혀질 듯 맴도는 하얀 그리움 하나

손가락을 접어가며 하나둘 헤아려 보아도
그때가 언제런가 그날들이 또 얼마런가

밤사이에 내려앉은 아침이슬처럼
차가움과 쓸쓸함만 주고 떠나버리는 너

이제는 봄날에 춘설이 녹아 버리듯
그리움 너는 따뜻한 사랑으로 돌아오거라

구름이 흘러가듯

인생이 별거더냐
구름이 흘러가듯 그렇게 살라치면

부딪힐 것도 없거니와
좋고 나쁨도 없을 거다

구름은 구름으로 행복하고
슬픔도 괴로움도 없으리라

구름이 흘러가듯
인생도 흘러가고 마는 것을

애써 불로장생 기원하니
한심한 게 따로 있는 게 아니구나

부치지 못한 편지

님이여
사랑하는 님이여
오늘은 봄바람이 불고
하얀 목련꽃이 피었습니다
길가 언덕에는
싸리꽃도 활짝 피었습니다
쪽빛 하늘엔
흰구름도 아름답게 피었습니다

님이여
사랑하는 님이여
꽃이 피는 따뜻한 봄날이 오면
작은 행복이 올 거라 기뻐했는데
봄은 벌써 저만치 모른 채 가고 있습니다

님이여
사랑하는 님이여
봄은 침이 마르도록 말합니다
제발 다른 데서 행복을 찾지 말고
님과 함께 있음이 참 행복이라며
지금 있는 모습 그대로 살라고 합니다

가난은 죄가 아닌데

또 한 사람이 이승을 떠났다
세상을 원망하기에도 힘이 들고
인내하기도 힘이 들어 떠났다

그를 보고 누구는 안타까워하며
참고 견디며 살아가지 못함을
애석하게 생각하기도 한다

누가 이승을 버리고 간 그에게
위로와 격려를 그리고 못다 한 말로
저승을 버리고 오라고 할 수 있으랴

오죽하면 모든 것을 포기하고 갔을까
얼마나 가난이 서러웠으면 갔을까
분명히 가난은 죄가 아닌데 말이다

진정으로 그의 삶에 대해 알지 못하면서
묻지도 관심조차도 잃어버리고 있을 때
어둠처럼 찾아온 가난을 짐작이나 했을까

가버렸다
이승을 두고 떠나 버렸다
누구나 언젠가는 가야 할 길인데도
눈물이 무엇이며 천금이 무엇이랴

아아, 잔인한 가난아
누가 네가 좋아서 같이하랴
어쩌다 마주쳐 맺어진 인연이라
기왕에 함께할 바엔
마음을 비우고 청빈을 사랑할 수밖에

노을을 바라보며

아름답다
저무는 해가 아름답다

가는 것은
그대로 간다고 해도

영롱한 빛을 발하며
서산을 넘는 모습이 빛난다

어디 아쉬움인들 없으랴만
또 다른 내일을 위한 것이라면

그보다 더 멋지고
아름다운 이별이 어디 있고

간다는 것은
만남을 기약하는 약속이 아니랴

마지막 잎새

삭풍은 나뭇가지 끝에
휘감아 스쳐가고

마지막 잎새는
이생의 끝자락을 잡고

누구를 원망할 겨를도 없이
이별의 슬픔을 삭히며

초라해진 모습으로
오늘도 어제처럼
지난 시절을 추억하고 있네

나는 그리운데 자네는

오랜만에 문득 다정했던 자네가 생각나
어두운 방구석에 수년을 잠자던 앨범을 보고 있네

나름대로 멋 부린다고 삐딱하게 눌러쓴 학생모자
윗단추 두어 개 풀고 폼 잡고 서 있는 자네가 낯설지 않네

유난히 살색이 하얗고 예뻐서 기집애라고 놀리기도 했지만
공부도 잘하고 운동도 잘해서 여학생들에게 인기 짱이었지

그러던 자네가 서울로 유학을 떠나버린 세월 뒤에
이제사 잊어질 뻔한 그때 그 시절이 못내 그리워지네

나는 그리운데 자네는
먹고살기 바쁘다는 핑계로 한 번도 만남이 없었으니

이제라도 한시름 접어두고 우리 서로 만나서
밀린 이야기 보따리 다 헤쳐봄이 어떻겠는가

먼 길을 떠나기 전에

누구나 인생길을 가노라면
험한 길 어려운 길 고독한 길이
수없이 만나고 이겨내고 길을 재촉한다

무거운 삶의 보따리를 어깨에 매고
힘겨운 먼길을 떠나는 나그네처럼
지나온 길을 추억은 해도 애써 기억하고
힘겨워 할 필요는 없으리라

나그네의 마음은 흔들리는 갈대와 같이
언제 어디로 발길을 돌릴지는 예측 못하고
가던 길을 재촉하며 끝까지 가리라

제5부 … 자연(삶)

나 사는 동안

모래알같이 많은 사람들 중에
나는 세상에 어렵게 태어났다

누구나 선택되고 엄선되어
이 세상에 태어났겠지만

유별나게 사랑받고
칭찬받으며 태어난 나일진대

세상에서 살으려니
어렵고 힘들고 고달픔이 산더미이라

헤치고 넘어가고 이겨내도
끝나지 않는 인고야말로

누구와도 똑같지 않음이
다행일지 불행일지는 모르지만

하여간에 열심히 최선을 다하는데
언젠가는 제대로 살았노라 할 수 있으랴

청국장 같은 인생

투박한 뚝배기 그릇 속에
보글보글 끓는 청국장처럼

고소한 냄새는 아니지만
속깊은 국물 맛이 주는 기쁨이란

세상 속에 터덕이는 인생처럼
힘들고 고달픈 길이려니 하지만

그 어려움 다 지나고 나면
뚝배기 속에서 끓는 청국장 맛처럼

고진감래의 우리네 삶 속에
녹아드는 그 맛이 참 맛이리라

당신을 기다리겠습니다

당신이 아무 말 없이 내 곁을 떠나던 날
나는 아무 말도 못하고 그저 바라보고 있을 때

당신은 눈물을 글썽이며 지난날의 긴 세월을
금방이라도 다시 돌려 보려는 듯 애를 쓰지만

당신의 가슴속에 이미 깨져버린 마음을 다시 매어
사랑할 수 없다는 것을 알기에 바람에 눈물을 흘리듯

그렇게 말없이 멀리 보이지 않는 곳으로
발소리도 옷 스치는 소리도 없이 떠나 버렸지만

오늘도 먼 하늘 나는 까치가 울어대며 지날라치면
하던 일을 그만두고 뛰어 나가서 멍하니 바라봅니다

아스라이 먼 지평선 넘어 눈에 보이지 않는 그 길을
눈을 부비며 미소 지으며 오실 그때까지 기다리겠습니다.

당신은 그리 하시리라 꼭 믿기에
오늘도 어제처럼 그렇게 한마음으로 기다립니다.

꽃잎은 흩날리더라

봄바람 꽃바람 불던 날이
그렇게도 멋지고 좋았었는데

연분홍 아리따운 꽃잎도
어느새 봄바람에 흩날리더라

달콤한 이야기도 잃어 가고
인생도 덧없이 흘러가고 있었더라

곱고 고운 꽃잎도 십일홍이라
어김없이 시들고 떨어지고 있었더라

아쉽다
안타깝다 그보다는

못내 모른 채 감추기엔
여린 가슴 속앓이 속에

혼자서만 두근거리는
짝사랑의 달콤이 더 좋았더라

가는 것을 어찌하랴

또 한 해가 간다
엊그제 1월이 시작이라 좋아했는데

2월이 가고 따뜻한 봄이 찾아오니
한겨울의 추위도 잃어버리고
무진장 좋아라 신이 나 3월 가고 4월이라

언덕 위에 아지랑이 아른아른
벌나비 춤추고 온갖 꽃들이 만발하니

강가의 버들개지도 함박웃음으로
웃다보니 벌써 봄바람에 봄이 가네

5월을 노래하다 먼 산을 바라보니
온통 초록빛 아름다운 꽃 잔치가 한창이네

넓은 들 빈 논에 모내기가 끝나려니 6월이 되어
풍년가 금방 울려 퍼질 것 같은 기쁨이 넘실대네

7월,

그리고 8월,
산과 바다를 벗 삼아 즐기다 보니
청포도 익어가는 소리조차 잃어버리고

풍성한 가을걷이 부픈 꿈에
어딜 가나 9월의 노래가 울려 퍼지네

기나긴 여름날이 멀어지더니
뒤돌아볼 겨를 없이 10월이 되어 버렸네

들녘은 쓸쓸함이 가득하고
산천 초목은 오색단풍으로 11월을 인사하고

12월의 함박눈이 온누리에 내려와
다사다난했던 한 해가 떠나는 것을 어찌하랴

저 높은 곳을 향하여

저 높은 곳을 향하여
몸과 마음과 영혼을 들어

조금만이라도 진실해지고
흠 없기를 간절히 기도해 보자

졸지도 주무시지도 않으시는
거룩하신 신께서 지켜보시니

긍휼과 사랑으로 감싸 주시고
더 좋은 것으로 주시지 않으랴

오늘도 낮은 자의 겸손과
자욕에서 벗어나 청빈함으로

저 높은 곳을 향하여
아름다운 삶의 날개를 펴 보자

돌아보면 아무것도 아닌 것을

인생길 70평생 길기도 긴 것 같은데
살다보면 고개에 걸터앉아 내리막 보이고

내리막 조심조심 서성거리다 보면
어느새 머리는 희어지고 뼛골이 아파 오고

잘 살았다고 셈해 보면 언제나 손해 같은 것을
억지로 위로하며 모른 채 살아가니

돌아보면 아무것도 아닌 것이 인생인 것을
부귀영화 그 무엇이 성공이라 말하리오

그저 건강백세 만수무강이 희망이라면
언제나 청춘의 마음으로 살아감이 좋으리

내 사는 것이 별나지만

산을 산이라 하고
물을 물이라 하는 것은
너와 내가 정한 말과 뜻이라

산이라 하면 알아듣고
물이라 하면 깨닫는 것이로되

세상사는 것이 다 이것이 옳다
저것이 틀리다 한들 무슨 소용이리요

살아가면서 불편한 것은 잘못된 것이요
편안하고 기쁨이 되는 것은 좋은 것이니

내 사는 것이 보기에는 별나지만
나 또한 열심히 사는 것이 최선이라면
그것이 삶의 밑천이요 귀천이 아니리오

하얀 눈이 그리움 되어

어디서 눈이 되어 날아왔을까
소리 없이 내 곁에서 서성이는 눈송이

반가운 듯 내 곁에 다가와서
말없이 눈물짓고 말아 버렸네

그립기도 하지만 기다림이 굳어져
올 수도 없었던 수많은 날들 속에서
오지도 않을 기다림의 망부석이 되었네

차가운 삭풍에 한걸음으로 찾아와서
보기에도 사랑스런 하얀 눈송이 그대여
만지면 사라지는 그리움의 안개 같은 너

그래도 너를 기다리는 나의 마음은
행여 나를 사랑한단 그 말이라도
살며시 귓속말로 속삭일까 기다려진다

떠나는 것을 잡지 말자

떠나는 것을 잡지 말자
잡는다고 멈춰 서 있으랴

살면서 곁에 있다가
훌쩍 떠나 버리는 것들이
어디 한두 가지랴

모두 다 자잘한 사연과
아픔을 남기고 떠나는 것
잡는다는 일도 부질없는 일

그냥 가는 대로 내버려 두자
서로를 위하여 좋을지도 모른다

지는 해가 아무리 화려하고
좋았던들 그때뿐인 것을

애써 안 그런 척해봐도
어둠이 그 하늘을 덮는다

지는 해를 잡지 말자
죄다 가고 또 오는 것이다

아름답던 가을도 간다
그냥 보내자 그래야 또 오니까

향기 가득한 날에

창문 틈 사이로 봄이 왔다
겨우내 잠자던 초목들이 기지개를 펴고
봄 향기가 가득한 새벽의 잠을 깨운다

반가움에 창문 밖을 바라보니
목화송이처럼 부드러운 봄 안개가
기다린 듯 달려들어 나를 감싼다

코를 자극하는 봄 향기가 마음을 감싸고
밤새 꿈꾸던 아름다운 기억들이
내 포근한 님의 입술처럼 감미롭다

때늦은 햇살의 미소도 삶의 의미를 아는 듯
내 볼을 만지며 첫사랑 님의 얼굴로
나를 포옹하며 어루만진다

풋풋한 풀향기와
잘 익은 흙냄새가 봄을 알리는 듯
겨우내 침묵하던 생명들이 기력을 찾는다

활짝 핀 매화꽃도
천사의 모습처럼 고운 앵두꽃도
이름 모를 야생의 풀꽃도 사랑스럽다

이제 봄이 함박웃음으로 왔다
수줍은 새악시 봄바람에 가슴이 설레는
향기 가득한 봄은 그렇게 우리 곁에 있다

내가 날마다 웃을 수 있다면

뜨거운 말복 날의 열기가 올라온다
몰아쉬는 숨소리가 작아지며 거칠어진다

온몸을 적셔오는 비지 땀방울을 사랑하며
때묻은 아름다운 인생의 뒷자락을 움켜잡고

오늘도 영글어가는 삶의 귀한 농사를 짓는다
수많은 재해와 속고 속이는 인해가 있을지라도

내가 있으매 참고 일할 수 있고
날마다 희망의 마음을 다짐한다

사랑의 보금자리를 위함이 있고
행복이란 단맛을 위해 삶을 위로해 본다

가야 하고 지켜내야 그것이 내 삶의 참이리라
어떤 이유로도 내가 날마다 웃을 수 있다면

이 세상의 큰 장애물도 방해도 걱정이 무엇이랴
그저 날마다 웃음만이 나를 지킬 수 있으리라

겨울에 내리는 비

님 그리워 지새는 긴긴 겨울밤에
찬바람이 쉼 없이 불어와서
그리움의 흔적을 지우려 애를 쓰고

겨울비는 소리 없이 찾아와서
앙상한 나뭇가지의 마지막 잎새조차
더욱 쓸쓸하게 적셔주고 있구나

찬바람과 비에 젖은 초목들은
지친 몸을 이리저리 뒤척이며
긴 겨울을 이겨 내려 안간힘을 쓰는데

겨울비는 그 심정을 짐작도 못하고
속절없이 밤새도록 내리고 있구나

에헤라 세상아

얼씨구 좋다
절씨구 좋아

힘도 권력도 돈도 없으니
부탁도 청탁도 없어서 좋아라

내 멋에 내 철학으로
좌충우돌 부딪치며 살아감이

때로는 힘들고 괴로워도
그 길은 선택이며 운명인 것을

에헤라 세상아
기왕에 한평생 살아갈 바엔

슬픔보다 기쁨이
괴로움보다 즐거움이
고통보다 편안함이 좋은 것을

에헤라 세상아

이 어찌 좋지 않을쏘냐
청산과 유수같이 그러함이 좋으리라

우리가 사노라면

나지막한 시골 초가집 처마 밑에
봄이 오면 한 쌍의 제비가 어김없이 찾아와서
복조리 같은 모양으로 집을 짓기 시작하고

쉼도 없이 부지런히 드나들며 살아가더니
그러던 어느 날 귀여운 새끼들이 깨어나
노란 주둥이를 내밀며 밥 달라고
온종일 짹짹거린다

계절따라 먼 길을 찾아왔다가
새끼들이 다 자라서 날 때쯤엔
식구들을 앞세우고 먼 강남으로 떠난다

우리네 인생길도 저들처럼
부지런히 일하고 돈 벌어서
좋은 집 마련하여 아들딸 자식 낳아
건강하고 똑똑하게 잘 키운 뒤
노년에 자식 자랑에 보람을 찾고

검은 머리 파뿌리가 다 되도록

살다가 살다가
더 많이 힘들게 살다가
떠날 때는 미련도 후회도 없이 가면 얼마나 좋을까

잡부의 하루

천근만근 되는 육신에 붙은
눈은 세상의 무게에 힘겨워 하고

납보다도 더 무겁게 느껴오는
몸뚱아리는 방바닥에 붙어 떨어질 줄 모른다

삶이 무엇인지 아는 것과 깨닫기보다
오늘 해야 할 일이 무엇인지도 모르고

어제의 땀내 나는 작업복의 그 모습으로
이른 새벽을 깨우며 일터를 향한다

사는 것이 무엇이랴
삶에 축복이 무엇이랴

오늘도 무드러진 어깨 위에
또 무거운 짐을 얹고 땀을 흘린다

이제는 후회없는 삶을 위해
오늘의 이 길이 참된 길이기를

굳은 다짐 속에 해는 서산에 지고
조그마한 기쁨의 또 하루가 저문다

땀의 진액에 젖은 돈을 꼬옥 쥐고
작은 행복의 미소를 지으며 집으로 간다

나도 한때는 멋있었다

어느 행사장이든 찾아가면
나는 철모르는 작은 꼬마가 된다

서로서로 만나 인사하는 모습을 보면
모두가 그 행사장의 주인공이고 귀빈들이다

또한 모두가 유명하고 존경받는 분들이며
언제나 상석이며 모든 것이 우선이다

자리도 그렇고 대접도 그러하며
처음부터 끝까지 그분들을 위하여 웃고

그분들을 위하여 박수치고 고개 숙인다
나도 글도 쓰고 그림도 그리고 사진도 찍는다

우리 아내는 내가 쓴 글과 그림과 사진이
세상에서 제일 잘 쓰고 그리고 잘 찍었다고 한다

그러나 어찌하랴 배운 것이 박식하고
학연 지연 인맥이 토막이니 어찌하랴

나도 한때는 멋있었다
모두가 기뻐하며 박수치고 악수해 줄 때

그렇게 화려한 봄날은 갔다
앞으로 나에게도 또 다른 봄날이 찾아올까

그 찬란한 날들을 위하여

그 영롱하게 빛났던 아름다운 날들
세상에서의 다시 없을 기뻤던 날들

뒤돌아보면 그래도 있었을진대
마음을 흔드는 현실의 미로 속에서

푸르른 하늘빛 보다 더 푸르른 그 날
희망 속에 꿈꾸며 그래도 살아가리라

값어치를 따져도 별거 아니고
현명함을 따져도 별거 아닐지라도

주어질 아름다운 날들을 위하여
조금은 부족하고 어리숙하여도

내게 남아 있는 정열을 불태워
그 찬란한 날들을 위하여 비상하리라

■ 발문跋文

순박한 어법으로 더 가슴을 치는 '모탱이떡'의 서정

호병탁(시인 · 문학평론가)

■ 발문跋文

순박한 어법으로 더 가슴을 치는 '모탱이떰'의 서정

호병탁(시인 · 문학평론가)

1.

나는 시인을 잘 알지 못한다. 문학행사에서 몇 번 인사하고 악수를 나눈 것이 전부다. 따라서 시인이 어느 곳에서 어떻게 성장했으며 구체적으로 무슨 직업을 가지고 어떤 일을 하며 살아왔는지 모른다. 물론 모든 문학작품은 작가의 역사 · 전기적 배경에 대한 지식이 없어도 얼마든지 감상하고 이해할 수 있을 것이다. 그럼에도 모든 예술작품에는 '외적 환경'이 수반되고, 우리가 그것을 제대로 인지할 때 작품은 부가적 의미를 창출할 것이다.

상상력의 소산인 문학의 세계는 현실을 매개하는 것이며

상상력의 활동과 기능은 '무'의 상태에서는 가능하지 않다. 상상력은 일상생활의 모든 '체험'을 바탕으로 해서 새롭고 의미 깊은 형상을 창조하는 능력이다. 즉 그것은 경험된 사실에 기초하는 것이다. 따라서 문학의 토대는 '체험'이고 체험은 한 작가의 인생이 지속되는 동안 끊임없이 반추되고 또한 그것은 작품에 반영될 수밖에 없다.

다행이 우리는 시인의 작품 행간에서 그의 유년시절부터 지금까지의 현실적인 체험을 조금도 힘들지 않게 이해할 수 있다. 한마디로 쉽게 읽히는 시편들이다. 마치 동시를 읽는 것도 같고 타령조의 민요를 듣는 것도 같다. 그의 어법은 추상개념이나 관념어를 배제한다. 비틀린 언어문법도 없다. 시의 전개가 너무 순박하지는 않는 것인지 걱정이 될 정도다. 그러나 나는 그의 어법이 최소한 시에 대한 순수하고 진정한 자세와 마음에서 비롯된 것임을 믿는다.

우선 시인과 함께 그가 태어나서 유년시절을 보낸 고향을 가보자.

나의 살던 고향은
단풍 곱기가 으뜸인 정읍에서도

먼지 나는 시골버스 타고
덜컹거리며 한 시간을 달려

동학의 본고장
고부 읍내 중살리를 지나

다시 꼬불꼬불 오 리 길 걷다보면
물 맑은 고부천이 반짝이고

변산의 개암산이 멀리 보이는
정겨운 우리 동네 주촌이라네

안뗨 밤나무뗨
모텡이뗨 건너뗨 여러 이름 중

우리 집은 모탱이뗨
대나무가 병풍을 두른 688번지라네

―「나의 살던 고향은」 전문

작품은 시인이 자신의 고향이 어디에 위치하고 있는지 설명하고 있는 것이 전부다. 정읍에서 서북방향, 고부읍내를 지나 다시 부안 쪽으로 직진하면 고부천이 흐르고 그 옆에 있는 마을이 그의 고향 '주촌'이다. 이정도면 고향의 위치에 대한 설명은 충분하다. 필자도 지도를 찾아보고 그 정확한 위치를 어렵지 않게 파악할 수 있었다. 그러나 시인이 단지 고향의 위치정보만을 전달하려 하였겠는가. 우리는 행간에서 시인이 창출하는 고향에 대한 여러 부가적 의미를 찾아내야 한다.

시인은 일단 정읍에서부터 고향 가는 길을 상세히 설명하기 시작한다. 그는 첫 연에서 우선 정읍을 "단풍 곱기가 으뜸인" 곳이라고 소개하며 시의 문을 연다. 그리고 다음 연에서 그는 독자들을 "먼지 나는 시골버스"에 태우고 "덜컹거리며 한 시간을 달"려 고부읍내로 데려간다. 물론 그가 이곳이 "동학의 본고장"이라는 역사적 사실을 설명하는 것을 빼먹을 리가 없다.

이어지는 연에서 우리는 시인의 고향마을을 가기 위해 버스에서 내려 다시 시인의 뒤를 따라 "꼬불꼬불 오 리 길"을 걸어야 한다. 그리고 당도한 곳에서 우리는 "물 맑은 고부천이 반짝이"는 것을 보게 된다. 또한 서쪽으로 멀리 "변산의 개암산"도 보게 된다. 바로 이곳이 그의 고향마을 '주촌'이다.

고향 가는 길의 안내는 이제 끝이 난 것처럼 보인다. 그러나 시인에게는 아직 소개할 중요한 사항이 남아있다. 그것은 예부터 불려오는 부락 안의 또 다른 토박이 지명들이다. 시인의 고향마을에는 '안뗨, 밤나무뗨, 모탱이뗨, 건너뗨'이라는 토속적인 아름다운 이름을 가진 곳들이 있다. 그중 시인의 집은 "모탱이뗨"의 "대나무가 병풍을 두른 688번지"다.

여기서 우리가 주목해야 할 점이 있다. 즉 시인의 생가는 모탱이뗨에 있고 대나무가 병풍을 두르고 있다는 점이다. 대개의 시골마을에는 그 마을사람들만이 부르는 토속적인 지명이 있다. 필자의 고향에도 말모루, 민모루, 나르메, 간담메 같은 정겨운 이름들이 있다. 이런 이름들은 부르기만 하여도 단박에 고향의 그리운 산과 들로 우리의 마음을 달려가게 만든다. '안떰, 밤나무떰, 모탱이떰, 건너떰'이란 마을 이름의 동원은 이 시의 미학적 기능에 결정적 역할을 하고 있다. 대충 그 의미는 파악 될 수 있지만 그렇지 못해도 무방하다. 이런 어휘는 고향을 공유하는 사람들만이 일상의 대화에서 나눌 수 있는 고유명사들이기 때문이다. 그럼에도 이런 어휘는 발음 그 자체만으로도 우리의 향수를 자극하는 강력한 자장을 뿜는다. 동시에 작품의 미적 효과를 제고하는 데에도 큰 힘을 발휘하게 되는 것이다.

한 집안의 내력을 담고 뒤란에 무성하게 흔들리는 대밭은 조국의 시골마을 어느 곳에서도 쉽게 볼 수 있는 풍경이다. 대밭의 바람소리와 섞여 간간히 들리는 작은 새들의 울음소리는 언제나 우리의 정서를 아름답게 격동시킨다. 집 식구들이 나누웠던 기쁨과 슬픔, 눈물과 웃음을 간직하고 고향의 대숲은 오늘도 여전히 흔들리고 있을 것이다.

이제 선명한 그림이 그려진다. 정읍에서 덜컹거리는 버스로 한 시간을 달리고 다시 꼬불대는 오 리 길을 걸어 가야 하는 시인의 고향은 물 맑은 시내가 옆에 흐르고 멀리 푸른 개암산이 보이는 곳이다. 그리고 그가 태어나 자란 집은 '모탱이떰'이라 불리는 곳으로 집 뒤로 대나무 숲이 병풍처럼 둘려있는 아늑한 곳이다. 시인은 새들이 깃들어 살던 그 대밭이 있는 고향집이 그립다. 그리고 다음 시에서처럼 다짐하는 것이다. 그곳으로 똑 돌아가야겠다고.

무엇이 되었다 한들
어떻게 살았다 한들

(…)

비포장 신작로 십여 리 길
발끝이 고달파도

가련다
꼭 가련다

내 고향 주촌
모탱이떰 내 집으로

—「귀향」 부분

2.

우리가 자연을 사랑하는 것은 자연의 실재에 대한 '인식'이라기보다는 원초적이고 기본적인 '정서'에서 비롯되는 것이라고 할 수 있다. 이는 그 근원이 다른 곳에 있는 어떤 사랑을 사물 안에 실현시킨 것이라고도 말 할 수 있다. 우리가 열정을 가지고 자연을 바라보는 감정 역시 모든 정서의 근원에 뿌리를 박고 있기 때문이다. 바슐라르는 이를 '아들로서 느끼는 감정'이라고 말한다. '모든 사랑은 어머니에 대한 사랑을 하나의 구성요소'로 삼고 있다는 것이다. 자연은 바로 한없이 확대되어 영원으로 투사되는 모성이다. 따라서 자연에 대한 사랑의 근원은 어머니에 대한 아들의 사랑이라고 할 수 있다.

앞에서 본 것처럼 시인은 자신의 고향에 큰 애착을 가지고 있다. 고향의 들과 산, 시냇물과 대숲을 그리워하는 것은 바로 그곳에 모든 정서의 원초적 근원인 어머니가 계셨기 때문이다. 시인은 여러 작품을 통해 모든 자연에 대한 사랑의 뿌리라 할 수 있는 그 어머니를 극진한 애정을 가지고 노래하고 있다. 그러나 그 어머니는 지금 세상에 없다.

고운 옷단장한 아들 손주 세배도
받으셔야 하는데 아니 계십니다

다른 어머니들은 절 한 번만 받으시는데
당신은 두 번을 받으시니 서럽습니다

— 「사모곡思母曲」 부분

산 사람은 절을 한 번만 받지만 죽은 사람은 두 번을 받는다. 설날이 되면 고운 옷으로 단장한 손주들의 세배를 받으셔야 할 어머니는 차례 상 뒤에서 '재배'를 받고 있을 뿐이다.

이렇게 좋은 날 어머니의 빈자리가 더욱 서럽기만 하다. 시인은 어머니와의 그리운 추억을 자신의 글에 담지 않을 수 없다.

그런데 추억 속의 따뜻하고 부드러운 어머니의 품을 인식하려면 어머니를 그리는 화자는 어린 사람이어야 한다. 작고 어린것들은 색칠되지 않은 무색의 순결이다. 세상의 낡은 지식을 모르는 어린아이는 그만큼 더 순수한 것이고 그의 발화는 더 절실하고 호소력이 있게 된다. 다음 시는 어린아이의 눈을 통해 보고 발화되는 어린 시절의 작은 서사다.

옛날 울 엄니
하루 종일 동네일 품앗이하고

몇 푼 안 되는 품삯 꼬깃꼬깃 모였다가
장날 아침이 오면

거친 얼굴엔 동동구리무
머리엔 아주까리 기름 바르고

농 속에 아껴두었던 명주치마
노랑 저고리 곱게 입으시고

봄 햇살 맞으며 나를 앞세워
왁자지껄한 오일장 서둘러 가서

이곳저곳 구경하다
신발가게 앞에 가서 멈추시더니

맘먹고 골라주신 검정 고무신
어찌나 신이 나던지 맨발로 뛰었다네

신발은 모셔들고
집에 돌아오는 먼 길 맨발로 뛰었다네

―「검정 고무신」 전문

많은 농토를 소유한 지주를 제외하고는 시골마을 대부분의 사람들이 가난하게 살았다. 위의 글에서는 그런 민초들이 겪어야 했던 신산한 삶의 단면이 아프게 묘사된다.

작품의 초입에서는 어머니의 어려운 삶이 그려진다. 시인이 어렸을 때 어머니는 "하루 종일 동네일 품앗이"를 하였다. 그리고 "몇 푼 안 되는" 그 품삯을 꼬깃꼬깃 모았다. 품앗이는 원래 힘든 일을 서로 거들어 주면서 품을 지고 갚고 하는 것을 뜻한다. 일을 하는 '품'과 교환한다는 뜻의 '앗이'가 결합된 말인 것이다. 이는 두레보다는 규모가 작지만 역사적으로 가장 오래된 것으로 주로 모내기, 김매기, 추수, 길쌈하기 등에 활용된 것으로 한 가족의 부족한 노동력을 해결하기 위해 다른 가족들의 노동력을 빌려 쓰고 나중에 갚아주는 형태다. 그러니 어머니가 받는 품삯이 과연 몇 푼이나 되겠는가. 그래도 어머니는 이 "꼬깃꼬깃"한 돈을 모은다. 오일장에 가기 위해서다.

17세기 후반부터 전국적으로 일반화된 5일 간격으로 열리는 오일장은 그 주된 기능이 물건을 거래하거나 교환하는 것으로 물선반 팔러 다니는 전문 장꾼들도 있었지만 평소에는 생업에 종사하다 장날이 되면 여분의 생산물을 팔거나 필요한 물건과 교환하기 위해 나오는 사람도 많이 있었다. 또한 오일장은 이 마을 저 마을 사람들이 모여 세상 돌아가는 정보를 교환하는 곳이기도 했고 가끔 약장수나 놀이패가 모여들어 왁자한 웃음을 선사하는 곳이기도 했다. 그런 장에 어머니를 따라 가는 일은 당시 어린아이에게는 큰 즐거움이 아닐 수 없었을 터이다.

어머니도 여자다. 장날, 어머니는 곱게 단장한다. "얼굴엔 동동구리무"를 바르고, "머리엔 아주까리기름"을 바르고 "농속에 아껴두었던 명주치마/ 노랑 저고리 곱게 입으시고" 어린 화자를 앞세워 오일장에 간다. 단장하고 차려입은 어머니는 이날만은 "봄 햇살 맞으며" 나들이 가는 기분이었을 것이다. 더구나 어렵게 모은 몇 푼 안 되는 돈이지만 필요한 물건을 살 수 있는 장날이 아닌가.

장은 "왁자지껄" 시끄럽다. 모자는 "이곳저곳 구경"하며 돌아다닌다. 그러다가 어머니는 "신발가게 앞에 가서 멈추시더니" 검정 고무신 한 켤레를 골라 사주신다. 품앗이해서 모은 그 "꼬깃꼬깃"한 돈으로 말이다. 장 구경에 신발까지 얻게

된 화자가 신이 날 것은 자명하다. 시인은 "어찌나 신이 나던지 맨발로" 뛴다.

어머니가 사준 "신발은 모셔들고/ 집에 돌아오는 먼 길 맨발로" 뛴다, 우리는 시인이 마지막 두 연에서 " 맨발로 뛰었다네"라는 동일한 종지형을 병치시키고 있음을 눈여겨보게 된다. 고양된 그의 감정이 눈에 선연하다.

3.

우리가 공기를 숨 쉬며 살아가듯 모든 어린아이들은 어머니의 모성으로 살아간다. 어린아이는 자신의 결정에 따라 직접적인 행동을 하지 못한다. 대개는 어머니가 알아서 해주지만 때로는 떼를 쓰며 울거나 조르는 것으로 부탁을 대신 할 뿐이다. 이때 어머니는 그 부탁을 들어주는 '절대적 존재'이자 함께 할 수 있는 유일한 '동반자'가 된다.

어머니와 어린 아이의 관계는 인간의 가장 깊은 사랑의 원초적 정서이다. 그것은 어떠한 잡티도 없는 맑고 투명한 근원적 정서로 독자들의 의식은 이 정서에 쉽게 조응하고 공감하게 된다. 앞의 시에서 화자의 신발은 낡아 바꿀 때가 되었을 것이다. 그러니까 신었던 신발은 벗어던지고 맨발로 뛰었을 것이다. 그럼에도 우리가 깊이 공감하게 되는 것은 그 검정 고무신에서 어머니의 짙은 모성을 느끼기 때문이다. 새

신발은 바로 어머니가 종일 동네일 품앗이한 것을 모은 힘든 노동의 대가가 아니었던가.

유년시절에 들었던 어머니의 말씀은 부지불식간에 생의 지침이 되기도 하고 좌표가 될 수도 있다.

옛날 울 엄니 살아생전에
봄이 올 때마다 하시는 말씀이

봄에는 부지깽이 심어도
싹이 트고 꽃이 핀다고 했다

논두렁 밭두렁에 가보면
봄나물 천지라 반찬걱정도 없었단다

얼기설기 매어놓은 울타리에
노란 개나리꽃 필 때면

봄이 벌써 왔당게 웃으시던 엄니 모습
그분에게 아무 걱정 없던 봄이

먹을 것 많은 지금 나에겐
웬 근심이 이리 많을까

— 「봄이 왔당게」 전문

이미 언급한 것처럼 보편적 인간의 감정은 막연한 대상보다는 구체적으로 의탁할 수 있는, 특히 자신을 온전한 사랑으로 보듬어주는 '어머니'와 같은 존재를 대상으로 할 때 훨씬 공감의 정도가 강하고 그런 글은 상대적으로 쉽게 읽혀진다. 앞의 시가 어머니의 따뜻한 모성을 그리고 있다면 위의 인용 시는 어머니의 삶에 대한 자세를 보여주고 있다.

부대끼는 삶에도 불구하고 그것을 대하는 어머니의 자세는 매우 낙천적이다. 이는 "봄에는 부지깽이 심어도/ 싹이 트고 꽃이 핀다"라는 그분의 발화에서 여실하게 표출된다. 어려웠던 시절, 봄은 양식이 떨어지는 춘궁기다. 배고픈 계절인 것이다. 그러나 어머니는 "노란 개나리꽃 필 때면" 벌써 봄이 왔다고 "웃으시던" 분이다. "논두렁 밭두렁에 가보면/ 봄나물 천지라" 반찬걱정도 없다는 분이다 낙천적인 그분에게 봄은 '걱정 있는 봄'이 아니라 '걱정 없는 봄'이었던 것이다.

이제 이 땅에 굶주리는 사람은 없다. 시인도 먹을 것이 없어 배고플 일은 없다. 그러나 어머니의 봄처럼 '웃는' 봄이 아니다. 오히려 그때보다 근심이 더 많아졌다. 시는 끝이 났지만 우리를 성찰하게 하는 강한 여운이 있다. 인간의 욕망은 끝이 없다. 과거에 비해 훨씬 살기 좋은 조건이 되었지만 만족을 모르는 인간은 더 큰 욕망에 집착하고 결국 가난한 어머니가 가졌던 '걱정 없는 봄'과는 더 거리가 멀어졌다. 시인은 마지막 연에서 "먹을 것 많은 지금 나에겐/ 웬 근심이 이리 많을까"라고 스스로 자신에게 질문을 던짐으로 옛날 어머니가 하셨던 말씀을 상기하며 자신의 내면을 성찰하고 있는 것이다.

4.

지금까지 시인이 간절히 그리워하는 고향과, 그곳에 계신 어머니의 모성과 어린 아들과의 관계에서 발로되는 순정한 의식을 지켜보았다. 그런데 주시할 점은 그가 여러 작품에서 구사하는 고유, 토착, 방언과 같은 언어들이다. 이런 언어들의 구사는 같은 터전의, 같은 운명 속에, 같은 삶을 엮어가는 민초들에게 던지는 시인의 따뜻한 연민의 시선에서 비롯되는 철저한 모국어 정신의 발로라 아니할 수 없다.

보리쌀 세 홉에 흰쌀 한 홉을 넣고
맑은 물에 정성 들여 네댓 번 잘 씻어

시커먼 가마솥에 세 벌 끓인 후에
뜸 다 들면 넓은 양푼에 듬뿍 담아

부추 상추 열무 집어넣고
고추장에 참기름 몇 방울 치고 벌겋게 비벼
한 수저 푹 떠서 볼때기 며지게 우물대다가
청양고추 된장 찍어 아삭아삭 씹으면

여름날 보양식 많고 많지만
꽁당 보리밥 뚝딱해치우는 그 맛이 으뜸

—「꽁당 보리밥」 전문

우리는 이미 시인의 작품을 통해 '안뗌, 밤나무뗌, 모텡이뗌, 건너뗌'과 같은 정다운 토속적 지명을 들었다. '품앗이', '오일장'과 같은 농경사회에서나 쓰던 언어를 들었고 '동동구리무'나 '아주까리기름'처럼 잊혀 가는 말도 들었다. 어머니를 '엄니'라고 부르는 정겨운 방언도 들었다. 바로 이런 언어가 겨레의 생활과 가장 밀착되어 있는 토착어다. 또한 강한 정서적 상황에서 저절로 튀어나오는 개인적 차원의 기층언어이기도 하다.

위의 시는 시제 「꽁당 보리밥」 자체가 토속어다. 꽁당 보리밥을 만드는 과정과 그것을 비비는 방법, 먹는 방법이 실감나게 그려지고 있는 이 시는 어린 시절에 습득한 기층언어들이 다수 견인되고 있다. '세 홉'의 보리쌀, '세 벌' 끓이다와 같은 지금은 듣기 힘든 수량명사, '가마솥', '양푼'같이 요즘 부엌에서는 잘 볼 수 없는 주방용구, "볼때기 며지게 우물대다"나 "뚝딱해치우는 그 맛"과 같은 질박한 토속어들은 풍요로운 친화력과 정겨움으로 우리의 정서를 자극한다.

시는 우선 보리밥을 만드는 방법을 설명하며 시작된다. "보리쌀 세 홉에 흰쌀 한 홉을 넣고/ 맑은 물에 정성 들여 네댓 번 잘 씻어// 시커먼 가마솥에 세 벌"을 끓인 후 뜸을 들여야 한다. 전자밥솥만 아는 요즘 주부들이 이런 과정을 상상이나 할 것인가. 다음은 보리밥을 비비는 방법이다. "넓은 양푼에" 밥을 "듬뿍 담아/ 부추 상추 열무 집어넣고/ 고추장에 참기름 몇 방울 치고 벌겋게 비벼"야 한다. 푸짐하다. 이제 먹는 방법이 소개된다. "한 수저 푹 떠서 볼때기 며지게 우물대다/ 청양고추 된장 찍어 아삭아삭 씹"어야 한다. 생각만 해도 군침이 돈다. 시인은 여름날 보양식도 많지만 꽁당보리밥이 으뜸이라고 단언하며 시의 결미를 묶는다.

시 내용 전체가 토속적인 냄새를 풍풍 풍긴다. 시인이 견인한 시어들은 반짝이며 시 전체에 그 빛을 더하고 있을 뿐이다.

이 시에 등장하고 있는 식재료들은 보리쌀, 흰쌀, 된장, 고추장, 참기름, 부추, 상추, 열무다. 눈치 빠른 독자는 벌써 알아차렸겠지만 한결같이 녹색식물 자체든가 거기에서 비롯된 것뿐이다. 이 점 또한 주목할 만하다. 모든 생명현상에는 하나의 커다란 공통점이 있다. 그것은 지구상의 모든 생물이 태양이 보내주는 열과 빛의 에너지를 근원으로 하여 영양을 섭취하며 산다는 것이다. 즉 녹색식물은 햇빛을 받아 광합성을 하고 여기서 합성된 에너지로 다른 모든 생물이 살아간다는 말이다. 초식동물이나 육식동물이나 따지고 올라가면 결국 모두 녹색식물이 건네주는 '태양 에너지'를 먹고산다. 위에 열거한 식재료들은 모두 녹색식물이 광합성을 해 만든 직접적인 결과물이 아닌가. 시인은 이를 잘 인식하고 이를 강조하고 있는 것 같다.

5.

시인이 구사하는 세련과는 거리가 있는 소박한 어법, 다양한 수사와 예술적 기교가 견인되지 않은 순박한 문장은 솔직히 처음에는 어느 정도 낯설고 이례적인 것으로 다가왔다. 약간의 당혹감까지 느꼈다. 그러나 문학은 그 주체가 작가이건 독자이건 우리가 삶에서 구할 수 있는 즐거움의 하나가 되어야 한다. 그렇다면 시인에게 시 쓰기는 삶의 나날에서 벗이 되어줄 수 있는 소중한 즐거움이 되어야함은 당연하다.

나는 문학을 즐길 수 있는 것으로 유도해야 한다는 비평가설을 전적으로 수용하는 사람이다. 모국어로 작품을 쓰고 또한 읽기를 즐기는 사람만이 진정한 문학의 이해에 다다를 수 있다. 사랑하기 때문에, 즐길 수 있기 때문에 그것은 진정한 즐거움이 될 수 있는 것이다.

시인은 글도 쓰고 그림도 그리고 사진도 찍는 사람이라고 한다. 그야말로 예술을 즐기는 사람이 아닐 수 없다. 물론 좋은 작품을 만들기 위해서는 밤을 새워야 하는 불면의 고통이 있을 것이다. 그러나 이 노동은 누가 시켜서 억지로 하는 노동이 아니라 스스로 '좋아서' 하는 노동이다. 만약 강제적으로 하는 노동이라면 그것은 진짜 견딜 수 없는 고통이 될 수밖에 없다. 그렇다면 자발적으로 스스로 택한 이런 고통은 실상은 즐거운 일이 된다. '즐거운 고통'이라는 역설이 성립하게 되는 것이다.

다시 말하거니와 시를 읽고 배우고 쓰는 일 -가르치는 것은 예외지만- 은 '즐거움'이 되어야 한다. 문학작품의 가장 큰 독자는 의외로 시를 쓰고 즐기는 당사자들이다. 이런 사람이 많으면 많을수록 문단은 풍요로워진다. 시를 쓰고 책을 만드는 사람이 많을수록 문단, 출판계, 더 나아가 우리 사회의 문화가 발전할 것임은 자명하다. 사실 시라는 것은 특별한 사람만 쓰는 것이 아니다. 평범한 사람이 평범한 대상들과 나눈 이야기를 평범한 언어로 진솔하게 쓰는 것이 시라고 나는 믿고 있다. 그리하여 「시인의 말」대로 "누구의 가슴엔가 작은 메아리"가 되어 울림을 만들어낸다면 그것으로 시적 가치에 도달한 시라고 본다.

시 몇 편 읽어 내지도 못했지만 이미 필자의 해설이 번쇄한 느낌이 있다. 그러나 확실한 것은 시인이 시를 사랑하고 즐기고 있다는 점이다. 앞으로도 마법처럼 즐거운 글쓰기가 계속되어 많은 사람의 가슴에 '큰 메아리'로 울릴 시편들을 계속 생산해 내기를 바란다.

신성호 시집
꽁당 보리밥

인쇄 2016년 10월 20일
발행 2016년 10월 27일

지은이 신성호
발행인 서정환
펴낸곳 신아출판사
주소 전북 전주시 완산구 공북 1길 16
전화 (063) 275-4000 · 0484 · 6374
팩스 (063) 274-3131
이메일 sina321@hanmail.net shina2347@naver.com
출판등록 제465-1984-000004호
인쇄 · 제본 신아출판사

ISBN 979-11-5605-379-8 03810

값 10,000원

이 도서의 국립중앙도서관 출판시도서목록(CIP)은 서지정보유통지원시스템 홈페이지(http://seoji.nl.go.kr)와 국가자료공동목록시스템(http://www.nl.go.kr/kolisnet)에서 이용하실 수 있습니다.(CIP제어번호: CIP2016024900)

Printed in KOREA

※ 이 책은 전라북도 문화관광재단의 문예예술진흥기금을 지원 받아 발간하였습니다.